GRAPHIC LIBRARY
en español

BIOGRAFÍAS GRÁFICAS

Helen Keller
VALIENTE DEFENSORA

por Scott R. Welvaert
ilustrado por Cynthia Martin
y Keith Tucker

Consultor:

Keller Johnson Thompson
Vicepresidente de educación
The Helen Keller Foundation

D1223842

Capstone
press®

Mankato, Minnesota

Graphic Library is published by Capstone Press,
151 Good Counsel Drive, P.O. Box 669, Mankato, Minnesota 56002.
www.capstonepress.com

1 2 3 4 5 6 11 10 09 08 07 06

Library of Congress Cataloging-in-Publication Data
Welvaert, Scott R.
     [Helen Keller: courageous advocate. Spanish]
     Helen Keller: valiente defensora/por Scott R. Welvaert; ilustrado por Cynthia Martin y
Keith Tucker.
     p. cm.—(Biografías gráficas)
     Includes bibliographical references and index.
     ISBN–13: 978–0–7368–6604–0 (hardcover : alk. paper)
     ISBN–10: 0–7368–6604–3 (hardcover : alk. paper)
     ISBN–13: 978–0–7368–9672–6 (softcover pbk. : alk. paper)
     ISBN–10: 0–7368–9672–4 (softcover pbk. : alk. paper)
     1. Keller, Helen, 1880–1968—Juvenile literature. 2. Blind–deaf women—United States—
Biography—Juvenile literature. I. Martin, Cynthia, 1961– II. Tucker, Keith. III. Title. IV. Graphic
library. Biografías gráficas.
HV1624.K4.W4318 2007
362.4'1092—dc22   2006043850

Summary: Describes in graphic format the life of Helen Keller, a blind and deaf woman, who
     became an author and advocate for the blind, in Spanish.

Art and Editorial Direction
Jason Knudson and Blake A. Hoena

Editor
Erika L. Shores

Designers
Jason Knudson and Jennifer Bergstrom

Translation
Mayte Millares and Lexiteria.com

Nota del Editor: Los diálogos con fondo amarillo indican citas textuales de fuentes
fundamentales. Las citas textuales de dichas fuentes han sido traducidas a partir del inglés.

Direct quotations appear on the following pages:
Page 9, from *Helen and Teacher: The Story of Helen Keller and Anne Sullivan Macy* by Joseph P.
     Lash. (New York: Delacorte Press/Seymour Lawrence, 1980).
Pages 19, 22, 24, from *The Story of My Life*, by Helen Keller (New York: Doubleday, Page and
     Company, 1903).
Page 23, from *The World I Live In* by Helen Keller (New York: The Century Co., 1908).
Page 27, from the Royal National Institute of the Blind,
(http://www.rnib.org.uk/xpedio/groups/public/documents/publicwebsite/public_keller.hcsp#P119_
     15629)

Tabla de contenidos

CAPÍTULO 1

Silencio y oscuridad

A los cinco años de edad, Helen Keller vivía en un mundo de silencio y oscuridad. Sorda y ciega, Helen utilizaba movimientos de manos sencillos para pedir por su madre o por comida. Pero Helen no siempre podía decirle a las personas lo que ella quería. Su frustración la orillaba a tener arrebatos de ira.

Oh, Arthur, ella era una bebé tan linda. ¿Por qué la enfermedad tuvo que quitarle la facultad para ver y oír?

¿Qué podemos hacer, Kate? Ella no puede hablar para decirnos lo que quiere.

¡Tengo sed!

¿Realmente sería posible enseñarla?

Arthur, tenemos que encontrar alguna forma. Quiero que Helen sea feliz.

Poco tiempo después, los Keller viajaron desde su casa en Tuscumbia, Alabama, hacia Baltimore, Maryland a ver al Dr. Julian Chisholm. Él trataba a las personas con problemas de la vista.

Helen quizás nunca vuelva a ver o a escuchar nuevamente.

¿Pero se le puede enseñar?

Sí, ella puede aprender. Deberían de ver al Dr. Alexander Graham Bell. Él les puede ayudar.

Anne sabía que a los Keller no les gustaba la forma en que ella hacía que Helen obedeciera. Anne les dijo que era necesario hacer un cambio radical. Ella se mudó junto con Helen a una pequeña casita dentro de la propiedad de los Keller. Sin los padres de Helen a su lado todo el tiempo, Anne podría finalmente enseñarle.

Estas letras deletrean sombrero. No entiendes, ¿verdad, Helen? Esto no es un juego.

¿Por qué sigue jugando a esto?

Anne seguía deletreando palabras en la mano de Helen. Helen batallaba para entender qué significaban.

Helen, ¿cómo puedo hacerte entender que todo tiene un nombre?

El 5 de abril de 1887, tras varias semanas de trabajo, Anne y Helen finalmente lograron hacer un gran avance.

Conforme estaban paradas frente a la bomba de agua, Anne tuvo una idea. Ella deletreó W-A-T-E-R (que quiere decir agua en inglés), en la mano de Helen, mientras el agua corría sobre su otra mano.

¡Agua! ¡Los signos con sus manos significan agua!

¡Eso es! Agua. Las letras quieren decir agua.

Era un milagro. Cuando Helen deletreó a su vez la palabra para Anne, ella supo que Helen había entendido que lo que le había deletreado era el nombre de la sustancia fresca que corría por su mano.

13

CAPÍTULO 3

A la escuela

Durante los siguientes dos años, Helen estudió con Anne en su casa. Helen aprendió griego y francés. Anagnos le enviaba los libros que necesitaba.

Por favor dejen que Helen vaya a la escuela en Perkins.

La escuela le puede ofrecer a Helen tantísimas cosas que yo no puedo darle. Les prometo no apartarme de su lado.

Está demasiado lejos.

Creo que deberíamos dejarla ir.

Los padres de Helen finalmente dejaron que Anne se llevara a Helen al Instituto Perkins en Boston.

Sí, Helen. Irás a la universidad algún día. Yo sé que lo harás muy bien.

Además de Anne, quien más apoyo le daba a Helen era Michael Anagnos. Cuando hacía un reporte de los progresos de la escuela cada año, con frecuencia hablaba de Helen.

Helen es una maravilla y su progreso es asombroso. Es una niña muy dulce. Ella cree sólo en la bondad de todo lo que la rodea.

Anne y Helen regresaron a casa en Alabama para el verano. Anne con frecuencia le enseñaba a Helen sus lecciones al aire libre. Se sentaban en los árboles mientras Anne le deletreaba a Helen, en la palma de su mano, las palabras de los libros.

Me pregunto de qué se tratará este libro.

Helen, este libro fue escrito por Mark Twain.

Eventualmente, Anne le enseñó a Helen a leer libros por sí misma. Helen aprendió a leer Braille. Este sistema utiliza puntitos en relieve sobre papel que corresponden a letras o grupos de letras. Helen leía deslizando sus dedos sobre los puntitos en relieve.

Puedo aprende tantísimas cosas ahora que puedo leer libros.

18

Tan pronto como Kate leyó la carta de Anne, se dio cuenta del error que había cometido y estuvo de acuerdo con dejar que Helen permaneciera a cargo de Anne.

No te preocupes Helen, siempre estaré aquí contigo.

Helen ingresó a la Universidad Radcliffe en 1900. Tenía 20 años. Helen fue la primera persona sorda y ciega en asistir a la universidad. Anne iba con Helen a cada clase. Ella hacía las señales de cada lección en la mano de Helen.

Empecemos a discutir los capítulos que se les asignaron para leer el día de hoy.

Durante sus años en Radcliffe, Helen aprendió a utilizar una máquina de escribir con sistema Braille. Un grupo de puntitos en relieve en las teclas representaba cada letra. Helen sentía los puntitos conforme iba escribiendo a máquina. Helen escribió muchos ensayos acerca de su vida para sus clases.

En poco tiempo, Helen se dio cuenta de que necesitaba ayuda para escribir los artículos y para hacer su tarea. Un amigo presentó a Anne y a Helen con John Albert Macy. Él ayudó a Helen a escribir su primer libro, *The Story of My Life*. El libro fue publicado en 1903.

La revista *Ladies Home Journal* quiere que escribas para su revista acerca de tu vida.

Pero me temo que no les vaya a gustar lo que escriba.

Te pagarán por los artículos. Creo que deberías hacerlo.

Vi un nuevo mundo abrirse ante mí, lleno de belleza y luz, y sentí dentro de mí la capacidad de conocer todas las cosas.

En 1904, Helen se graduó de la Universidad de Radcliffe.

Todo el esfuerzo se ha visto recompensado. ¡He obtenido mi diploma universitario!

En 1905, Macy y Anne se casaron. Helen vivía con ellos. Ella y Anne continuaron trabajando juntas.

Tú siempre tendrás un hogar aquí con nosotros.

Sí, Helen. Nosotros también te queremos mucho.

De 1905 a 1913, Helen siguió contando sus historia a través de la escritura. Escribió dos libros más: *The World I Live In* y *Out of the Dark*. El dinero que ganaba le ayudaba para sostener a Anne, a Macy y a sí misma.

Estás tan acostumbrado a la luz, temo que te tropezarás cuando intente ayudarte a pisar la tierra de la oscuridad y el silencio.

23

CAPÍTULO 4

Trabajo por los demás

La escritura de Helen ya no podía aportar suficiente dinero para ellos. Helen y Anne empezaron a viajar por el país dando conferencias. Anne contaba la historia de Helen oración por oración durante toda la gira.

Ahora les voy a decir lo que Helen escribe en mi mano.

El día más importante que recuerdo de toda mi vida es el día en que mi maestra, Anne Mansfield Sullivan llegó a mi vida.

Después de algunos años, la gente empezó a perder interés en las conferencias. Anne y Helen, que tenía 38 años de edad, decidieron representar en vivo cómo fue que Helen aprendió a comunicarse.

¡Sí! ¡Las letras significan agua, Helen! ¡Ya me entiendes!

¡Es un milagro!

En 1921, Helen se unió a los esfuerzos de la Fundación Americana para los Ciegos. Helen quería que cada persona ciega tuviera la oportunidad de recibir educación.

Quisiéramos agradecer a todos aquellos que nos han dado su tiempo y donativo. Es muy valioso y apreciado en todo el país.

Para 1930, Anne estaba demasiado enferma para asistir a los eventos con Helen. Polly Thomson, la secretaria de Helen y Anne, tomó el lugar de Anne conforme Helen hacía sus giras. Helen y Polly viajaron por todo el mundo recabando dinero para los ciegos.

Este joven perdió la vista cuando se enfermó.

Helen quiere ayudarle, y también a otras personas alrededor del mundo que estén ciegas.

En 1936, Helen experimentó una terrible pérdida. Anne Sullivan, su adorada maestra y amiga durante 48 años, murió.

¿Qué voy a hacer sin ti maestra?

MÁS SOBRE

Helen Keller

✳ Helen Keller nació el 27 de junio de 1880, en Tuscumbia, Alabama. La casa de su familia era llamada "Hiedra verde" por la hiedra que crecía en la casa.

✳ Una fiebre muy fuerte privó a Helen de la vista y del oído en febrero de 1882. Los doctores hoy en día creen que la fiebre pudo haber sido causada por meningitis o fiebre escarlatina.

✳ Helen aprendió a nadar, a andar en bicicleta y a montar a caballo.

✳ Helen amaba a los perros. Siempre tuvo por lo menos un perro en su casa.

✳ Helen intentó aprender a hablar, pero nunca pudo lograr hablar lo suficientemente bien como para que la mayoría de la gente le entendiera.

✳ Se han hecho películas, obras teatrales en Broadway y escrito libros sobre la vida de Helen Keller.

✳ Durante los 48 años en que estuvieron juntas, Helen y Anne casi nunca se separaron.

* Helen escribió 12 libros durante su vida. El libro más popular de todos es *The Story of My Life*.

* El único continente que Helen no visitó mientras recaudaba dinero para la Fundación Americana para los Ciegos en el Extranjero, fue Antártica.

* Todo el trabajo de Helen en su libro *Teacher* fue destruido en un incendio en su casa. Helen eventualmente terminó el libro en 1955.

* Helen murió tranquilamente mientras dormía, el 1 de junio de 1968.

* La placa en escritura Braille que se encuentra en las tumbas de Helen y Anne en la Catedral Nacional de Washington ha sido reemplazada ya dos veces. Las personas han tocado los puntos en relieve tantas veces que los bordes se han desgastado.

Glosario

el acompañante—una persona que pasa tiempo con otra persona

Braille—un conjunto de puntitos en relieve que representan letras y números; las personas utilizan las yemas de sus dedos para leer los puntos en relieve.

la conferencia—una plática dada a una clase o audiencia a fin de enseñar algo

el huérfano—un niño cuyos padres han muerto

la placa—lámina con palabras escritas en ella

Sitios de Internet

FactHound proporciona una manera divertida y segura de encontrar sitios de Internet relacionados con este libro. Nuestro personal ha investigado todos los sitios de FactHound. Es posible que los sitios no estén en español.

Se hace así:

1. Visita *www.facthound.com*

2. Elige tu grado escolar.

3. Introduce este código especial **0736866043** para ver sitios apropiados según tu edad, o usa una palabra relacionada con este libro para hacer una búsqueda general.

4. Haz clic en el botón **Fetch It**.

¡FactHound buscará los mejores sitios para ti!

Leer más

Adams, Colleen. *The Courage of Helen Keller.* The Rosen Publishing Group's Reading Room Collection. New York: Rosen, 2003.

DeVillier, Christy. *Helen Keller.* A Buddy Book. Edina, Minn.: Abdo, 2004.

Koestler-Grack, Rachel A. *The Story of Helen Keller.* Breakthrough Biographies. Philadelphia: Chelsea House, 2004.

Sutcliffe, Jane. *Helen Keller.* On My Own Biography. Minneapolis: Carolrhoda Books, 2002.

Bibliografía

Braddy, Nella. *Anne Sullivan Macy: The Story Behind Helen Keller.* Garden City, New York: Doubleday/Doran, 1933.

Herrmann, Dorothy. *Helen Keller: A Life.* New York: A. Knopf, 1998.

Keller, Helen. *The Story of My Life.* New York: Doubleday, Page and Company, 1903.

Keller, Helen. *Teacher: Anne Sullivan Macy.* Garden City, New York: Doubleday and Company, 1955.

Índice